Prayers for our Baby-to-be
This book belongs to

· ·
· ·

DEDICATION

This book is dedicated to all the parents out there that love praying for their baby.

You are my inspiration in producing prayer books for babies, especially to record these keepsake prayer memories.

How To Use This Prayers For Baby Log Book:

This ultimate prayers for baby keepsake notebook is a perfect way to track and record all your prayers, thoughts and memories.

Each interior page includes prompts and space to record the following:

1. I pray for you to learn - Write out your prayers and wishes for the baby in the space provided.

2. I pray for you to never be afraid of - Record your thoughts and ideas for things you want for the baby.

3. I pray you love - Track these memories for the baby as you write out special thoughts of what your wishes are for the baby as they grow.

4. From - Sign here to and come back later to be reminded of wishes and prayers for the baby.

If you are a new parent or have been doing this for a while, this prayer for baby journal is a must have! Can make an awesome gift for the new parent, and will be a keepsake memory forever.

Enjoy!

I PRAY FOR YOU TO LEARN

WITH LOVE ══════ Prayers for baby ══════

FROM

I PRAY FOR YOU TO NEVER BE AFRAID OF

I PRAY YOU LOVE

I PRAY FOR YOU TO LEARN

WITH LOVE ======= PRAYERS FOR BABY =======

FROM

I PRAY FOR YOU TO NEVER BE AFRAID OF

I PRAY YOU LOVE

I pray for you to learn

with love ═══════════ Prayers for baby ═══════════

FROM

I pray for you to never be afraid of

I pray you love

I PRAY FOR YOU TO LEARN

WITH LOVE ======= PRAYERS FOR BABY =======

FROM

I PRAY FOR YOU TO NEVER BE AFRAID OF

I PRAY YOU LOVE

I pray for you to learn

with love ━━━ Prayers for baby ━━━

FROM

I pray for you to never be afraid of

I pray you love

I PRAY FOR YOU TO LEARN

WITH LOVE ———— PRAYERS FOR BABY ————

FROM

I PRAY FOR YOU TO NEVER BE AFRAID OF

I PRAY YOU LOVE

I PRAY FOR YOU TO LEARN

WITH LOVE ════════ PRAYERS FOR BABY ════════

FROM

I PRAY FOR YOU TO NEVER BE AFRAID OF

I PRAY YOU LOVE

I PRAY FOR YOU TO LEARN

WITH LOVE ════════ PRAYERS FOR BABY ════════

FROM

I PRAY FOR YOU TO NEVER BE AFRAID OF

I PRAY YOU LOVE

I pray for you to learn

with love ——— Prayers for baby ———

FROM

I pray for you to never be afraid of

I pray you love

I PRAY FOR YOU TO LEARN

WITH LOVE ━━━━━ PRAYERS FOR BABY ━━━━━

FROM

I PRAY FOR YOU TO NEVER BE AFRAID OF

I PRAY YOU LOVE

I PRAY FOR YOU TO LEARN

WITH LOVE ═══ Prayers for baby ═══

FROM

I PRAY FOR YOU TO NEVER BE AFRAID OF

I PRAY YOU LOVE

I PRAY FOR YOU TO LEARN

WITH LOVE ============ PRAYERS FOR BABY ============

FROM

I PRAY FOR YOU TO NEVER BE AFRAID OF

I PRAY YOU LOVE

I PRAY FOR YOU TO LEARN

WITH LOVE ━━━━━━ PRAYERS FOR BABY ━━━━━━

FROM

I PRAY FOR YOU TO NEVER BE AFRAID OF

I PRAY YOU LOVE

I PRAY FOR YOU TO LEARN

WITH LOVE ═══════ PRAYERS FOR BABY ═══════

FROM

I PRAY FOR YOU TO NEVER BE AFRAID OF

I PRAY YOU LOVE

I PRAY FOR YOU TO LEARN

WITH LOVE ⋙⋙⋙ PRAYERS FOR BABY ⋙⋙⋙

FROM

I PRAY FOR YOU TO NEVER BE AFRAID OF

I PRAY YOU LOVE

I PRAY FOR YOU TO LEARN

WITH LOVE ============ PRAYERS FOR BABY ============

FROM

I PRAY FOR YOU TO NEVER BE AFRAID OF

I PRAY YOU LOVE

I pray for you to learn

with love ═══ Prayers for baby ═══

FROM

I pray for you to never be afraid of

I pray you love

I PRAY FOR YOU TO LEARN

WITH LOVE ═══════ PRAYERS FOR BABY ═══════

FROM

I PRAY FOR YOU TO NEVER BE AFRAID OF

I PRAY YOU LOVE

I PRAY FOR YOU TO LEARN

WITH LOVE ═══════ PRAYERS FOR BABY ═══════

FROM

I PRAY FOR YOU TO NEVER BE AFRAID OF

I PRAY YOU LOVE

I PRAY FOR YOU TO LEARN

WITH LOVE ═══════ PRAYERS FOR BABY ═══════

FROM

I PRAY FOR YOU TO NEVER BE AFRAID OF

I PRAY YOU LOVE

I PRAY FOR YOU TO LEARN

WITH LOVE ——————— Prayers for baby ———————

FROM

I PRAY FOR YOU TO NEVER BE AFRAID OF

I PRAY YOU LOVE

I PRAY FOR YOU TO LEARN

WITH LOVE ═══════ PRAYERS FOR BABY ═══════

FROM

I PRAY FOR YOU TO NEVER BE AFRAID OF

I PRAY YOU LOVE

I PRAY FOR YOU TO LEARN

WITH LOVE ======== PRAYERS FOR BABY ========

FROM

I PRAY FOR YOU TO NEVER BE AFRAID OF

I PRAY YOU LOVE

I PRAY FOR YOU TO LEARN

WITH LOVE ======= PRAYERS FOR BABY =======

FROM

I PRAY FOR YOU TO NEVER BE AFRAID OF

I PRAY YOU LOVE

I PRAY FOR YOU TO LEARN

WITH LOVE ======= PRAYERS FOR BABY =======

FROM

I PRAY FOR YOU TO NEVER BE AFRAID OF

I PRAY YOU LOVE

I PRAY FOR YOU TO LEARN

with love ======= Prayers for baby =======

FROM

I PRAY FOR YOU TO NEVER BE AFRAID OF

I PRAY YOU LOVE

I pray for you to learn

with love ━━━ Prayers for baby ━━━

From

I pray for you to never be afraid of

I pray you love

I PRAY FOR YOU TO LEARN

WITH LOVE ======= PRAYERS FOR BABY =======

FROM

I PRAY FOR YOU TO NEVER BE AFRAID OF

I PRAY YOU LOVE

I PRAY FOR YOU TO LEARN

WITH LOVE ———— Prayers for baby ————

FROM

I PRAY FOR YOU TO NEVER BE AFRAID OF

I PRAY YOU LOVE

I PRAY FOR YOU TO LEARN

WITH LOVE ════════ PRAYERS FOR BABY ════════

FROM

I PRAY FOR YOU TO NEVER BE AFRAID OF

I PRAY YOU LOVE

I PRAY FOR YOU TO LEARN

WITH LOVE ═══════ PRAYERS FOR BABY ═══════

FROM

I PRAY FOR YOU TO NEVER BE AFRAID OF

I PRAY YOU LOVE

I PRAY FOR YOU TO LEARN

WITH LOVE ═══ PRAYERS FOR BABY ═══

FROM

I PRAY FOR YOU TO NEVER BE AFRAID OF

I PRAY YOU LOVE

I pray for you to learn

with love ——— Prayers for baby ———

From

I pray for you to never be afraid of

I pray you love

I PRAY FOR YOU TO LEARN

WITH LOVE ━━━━━ PRAYERS FOR BABY ━━━━━

FROM

I PRAY FOR YOU TO NEVER BE AFRAID OF

I PRAY YOU LOVE

I PRAY FOR YOU TO LEARN

with love ━━━━━ Prayers for baby ━━━━━

FROM

I PRAY FOR YOU TO NEVER BE AFRAID OF

I PRAY YOU LOVE

I PRAY FOR YOU TO LEARN

WITH LOVE ============ PRAYERS FOR BABY ============

FROM

I PRAY FOR YOU TO NEVER BE AFRAID OF

I PRAY YOU LOVE

I pray for you to learn

with love ── Prayers for baby ──

from

I pray for you to never be afraid of

I pray you love

I pray for you to learn

WITH LOVE ———— Prayers for baby ————

FROM

I pray for you to never be afraid of

I pray you love

I pray for you to learn

with love ⋙⋙⋙⋙⋙ Prayers for baby ⋙⋙⋙⋙⋙

From

I pray for you to never be afraid of

I pray you love

I PRAY FOR YOU TO LEARN

WITH LOVE ━━━━━ PRAYERS FOR BABY ━━━━━

FROM

I PRAY FOR YOU TO NEVER BE AFRAID OF

I PRAY YOU LOVE

I PRAY FOR YOU TO LEARN

WITH LOVE ✦ Prayers for baby ✦

FROM

I PRAY FOR YOU TO NEVER BE AFRAID OF

I PRAY YOU LOVE

I pray for you to learn

with love ═══ Prayers for baby ═══

from

I pray for you to never be afraid of

I pray you love

I PRAY FOR YOU TO LEARN

WITH LOVE ════════ Prayers for baby ════════

FROM

I PRAY FOR YOU TO NEVER BE AFRAID OF

I PRAY YOU LOVE

I pray for you to learn

with love ═══════ Prayers for baby ═══════

FROM

I pray for you to never be afraid of

I pray you love

I PRAY FOR YOU TO LEARN

WITH LOVE ━━━━━ PRAYERS FOR BABY ━━━━━

FROM

I PRAY FOR YOU TO NEVER BE AFRAID OF

I PRAY YOU LOVE

I pray for you to learn

WITH LOVE ═══════ Prayers for baby ═══════

FROM

I pray for you to never be afraid of

I pray you love

I PRAY FOR YOU TO LEARN

WITH LOVE ━━━━━━━━━━ PRAYERS FOR BABY ━━━━━━━━━━

FROM

I PRAY FOR YOU TO NEVER BE AFRAID OF

I PRAY YOU LOVE

I PRAY FOR YOU TO LEARN

WITH LOVE ======= PRAYERS FOR BABY =======

FROM

I PRAY FOR YOU TO NEVER BE AFRAID OF

I PRAY YOU LOVE

I pray for you to learn

with love ———— Prayers for baby ————

from

I pray for you to never be afraid of

I pray you love

I PRAY FOR YOU TO LEARN

WITH LOVE ═══════ PRAYERS FOR BABY ═══════

FROM

I PRAY FOR YOU TO NEVER BE AFRAID OF

I PRAY YOU LOVE

I PRAY FOR YOU TO LEARN

WITH LOVE ═══ Prayers for baby ═══

FROM

I PRAY FOR YOU TO NEVER BE AFRAID OF

I PRAY YOU LOVE

I PRAY FOR YOU TO LEARN

WITH LOVE ———— PRAYERS FOR BABY ————

FROM

I PRAY FOR YOU TO NEVER BE AFRAID OF

I PRAY YOU LOVE

I PRAY FOR YOU TO LEARN

WITH LOVE ━━━━━ PRAYERS FOR BABY ━━━━━

FROM

I PRAY FOR YOU TO NEVER BE AFRAID OF

I PRAY YOU LOVE

I PRAY FOR YOU TO LEARN

WITH LOVE ========= PRAYERS FOR BABY =========

FROM

I PRAY FOR YOU TO NEVER BE AFRAID OF

I PRAY YOU LOVE

I pray for you to learn

with love ═══ Prayers for baby ═══

from

I pray for you to never be afraid of

I pray you love

I pray for you to learn

with love ━━━ Prayers for baby ━━━

from

I pray for you to never be afraid of

I pray you love

I pray for you to learn

with love ——— Prayers for baby ———

FROM

I pray for you to never be afraid of

I pray you love

I pray for you to learn

WITH LOVE ═══ Prayers for baby ═══

FROM

I pray for you to never be afraid of

I pray you love

I PRAY FOR YOU TO LEARN

WITH LOVE ======= Prayers for baby =======

FROM

I PRAY FOR YOU TO NEVER BE AFRAID OF

I PRAY YOU LOVE

I pray for you to learn

with love ======= Prayers for baby =======

from

I pray for you to never be afraid of

I pray you love

I PRAY FOR YOU TO LEARN

WITH LOVE ============ PRAYERS FOR BABY ============

FROM

I PRAY FOR YOU TO NEVER BE AFRAID OF

I PRAY YOU LOVE

I pray for you to learn

WITH LOVE ═══════ Prayers for baby ═══════

FROM

I pray for you to never be afraid of

I pray you love

I PRAY FOR YOU TO LEARN

WITH LOVE ========= PRAYERS FOR BABY =========

FROM

I PRAY FOR YOU TO NEVER BE AFRAID OF

I PRAY YOU LOVE

I PRAY FOR YOU TO LEARN

WITH LOVE ======= PRAYERS FOR BABY =======

FROM

I PRAY FOR YOU TO NEVER BE AFRAID OF

I PRAY YOU LOVE

I PRAY FOR YOU TO LEARN

WITH LOVE ━━━━━━━━ PRAYERS FOR BABY ━━━━━━━━

FROM

I PRAY FOR YOU TO NEVER BE AFRAID OF

I PRAY YOU LOVE

I PRAY FOR YOU TO LEARN

WITH LOVE ━━━━ PRAYERS FOR BABY ━━━━

FROM

I PRAY FOR YOU TO NEVER BE AFRAID OF

I PRAY YOU LOVE

I PRAY FOR YOU TO LEARN

WITH LOVE ———— Prayers for baby ————

FROM

I PRAY FOR YOU TO NEVER BE AFRAID OF

I PRAY YOU LOVE

I PRAY FOR YOU TO LEARN

with love ———— Prayers for baby ————

FROM

I PRAY FOR YOU TO NEVER BE AFRAID OF

I PRAY YOU LOVE

I PRAY FOR YOU TO LEARN

WITH LOVE ━━━━ PRAYERS FOR BABY ━━━━

FROM

I PRAY FOR YOU TO NEVER BE AFRAID OF

I PRAY YOU LOVE

I pray for you to learn

with love ═══════ Prayers for baby ═══════

From

I pray for you to never be afraid of

I pray you love

I PRAY FOR YOU TO LEARN

WITH LOVE ━━━━━ PRAYERS FOR BABY ━━━━━

FROM

I PRAY FOR YOU TO NEVER BE AFRAID OF

I PRAY YOU LOVE

I PRAY FOR YOU TO LEARN

WITH LOVE ━━━━━ PRAYERS FOR BABY ━━━━━

FROM

I PRAY FOR YOU TO NEVER BE AFRAID OF

I PRAY YOU LOVE

I pray for you to learn

with love ··············· Prayers for baby ···············

From

I pray for you to never be afraid of

I pray you love

I pray for you to learn

with love ═══ Prayers for baby ═══

from

I pray for you to never be afraid of

I pray you love

I pray for you to learn

with love ======= Prayers for baby =======

from

I pray for you to never be afraid of

I pray you love

I pray for you to learn

with love ——— Prayers for baby ———

from

I pray for you to never be afraid of

I pray you love

I pray for you to learn

with love ❖❖❖ Prayers for baby ❖❖❖

from

I pray for you to never be afraid of

I pray you love

I pray for you to learn

WITH LOVE ━━━━━ Prayers for baby ━━━━━

FROM

I pray for you to never be afraid of

I pray you love

I PRAY FOR YOU TO LEARN

WITH LOVE ━━━━━ PRAYERS FOR BABY ━━━━━

FROM

I PRAY FOR YOU TO NEVER BE AFRAID OF

I PRAY YOU LOVE

I PRAY FOR YOU TO LEARN

WITH LOVE ——— PRAYERS FOR BABY ———

FROM

I PRAY FOR YOU TO NEVER BE AFRAID OF

I PRAY YOU LOVE

I pray for you to learn

with love ═══ Prayers for baby ═══

from

I pray for you to never be afraid of

I pray you love

I PRAY FOR YOU TO LEARN

WITH LOVE ———— PRAYERS FOR BABY ————

FROM

I PRAY FOR YOU TO NEVER BE AFRAID OF

I PRAY YOU LOVE

I PRAY FOR YOU TO LEARN

with love ═══════════ Prayers for baby ═══════════

FROM

I PRAY FOR YOU TO NEVER BE AFRAID OF

I PRAY YOU LOVE

I pray for you to learn

with love ══════ Prayers for baby ══════

from

I pray for you to never be afraid of

I pray you love

I PRAY FOR YOU TO LEARN

WITH LOVE ═══ PRAYERS FOR BABY ═══

FROM

I PRAY FOR YOU TO NEVER BE AFRAID OF

I PRAY YOU LOVE

I pray for you to learn

with love ═══ Prayers for baby ═══

from

I pray for you to never be afraid of

I pray you love

I pray for you to learn

with love ═══════ Prayers for baby ═══════

from

I pray for you to never be afraid of

I pray you love

I PRAY FOR YOU TO LEARN

WITH LOVE ········· PRAYERS FOR BABY ·········

FROM

I PRAY FOR YOU TO NEVER BE AFRAID OF

I PRAY YOU LOVE

I PRAY FOR YOU TO LEARN

with love ———— Prayers for baby ————

FROM

I PRAY FOR YOU TO NEVER BE AFRAID OF

I PRAY YOU LOVE

I PRAY FOR YOU TO LEARN

WITH LOVE ═══════ PRAYERS FOR BABY ═══════

FROM

I PRAY FOR YOU TO NEVER BE AFRAID OF

I PRAY YOU LOVE

I PRAY FOR YOU TO LEARN

WITH LOVE ━━━━━━━ PRAYERS FOR BABY ━━━━━━━

FROM

I PRAY FOR YOU TO NEVER BE AFRAID OF

I PRAY YOU LOVE

I PRAY FOR YOU TO LEARN

WITH LOVE — PRAYERS FOR BABY

FROM

I PRAY FOR YOU TO NEVER BE AFRAID OF

I PRAY YOU LOVE

I PRAY FOR YOU TO LEARN

WITH LOVE ———————— PRAYERS FOR BABY ————————

FROM

I PRAY FOR YOU TO NEVER BE AFRAID OF

I PRAY YOU LOVE

I pray for you to learn

with love ═══ Prayers for baby ═══

From

I pray for you to never be afraid of

I pray you love

I PRAY FOR YOU TO LEARN

WITH LOVE ════ PRAYERS FOR BABY ════

FROM

I PRAY FOR YOU TO NEVER BE AFRAID OF

I PRAY YOU LOVE

I PRAY FOR YOU TO LEARN

WITH LOVE ════════ PRAYERS FOR BABY ════════

FROM

I PRAY FOR YOU TO NEVER BE AFRAID OF

I PRAY YOU LOVE

I PRAY FOR YOU TO LEARN

WITH LOVE ═══════ PRAYERS FOR BABY ═══════

FROM

I PRAY FOR YOU TO NEVER BE AFRAID OF

I PRAY YOU LOVE

I PRAY FOR YOU TO LEARN

WITH LOVE ════════════ Prayers for baby ════════════

FROM

I PRAY FOR YOU TO NEVER BE AFRAID OF

I PRAY YOU LOVE

I PRAY FOR YOU TO LEARN

WITH LOVE ===== PRAYERS FOR BABY =====

FROM

I PRAY FOR YOU TO NEVER BE AFRAID OF

I PRAY YOU LOVE

I PRAY FOR YOU TO LEARN

WITH LOVE ═══════ PRAYERS FOR BABY ═══════

FROM

I PRAY FOR YOU TO NEVER BE AFRAID OF

I PRAY YOU LOVE

I PRAY FOR YOU TO LEARN

WITH LOVE ======== PRAYERS FOR BABY ========

FROM

I PRAY FOR YOU TO NEVER BE AFRAID OF

I PRAY YOU LOVE

I PRAY FOR YOU TO LEARN

WITH LOVE ══════════ PRAYERS FOR BABY ══════════

FROM

I PRAY FOR YOU TO NEVER BE AFRAID OF

I PRAY YOU LOVE

I PRAY FOR YOU TO LEARN

WITH LOVE ———— Prayers for baby ————

FROM

I PRAY FOR YOU TO NEVER BE AFRAID OF

I PRAY YOU LOVE

I PRAY FOR YOU TO LEARN

WITH LOVE ═══════ PRAYERS FOR BABY ═══════

FROM

I PRAY FOR YOU TO NEVER BE AFRAID OF

I PRAY YOU LOVE

I PRAY FOR YOU TO LEARN

WITH LOVE ═══════ PRAYERS FOR BABY ═══════

FROM

I PRAY FOR YOU TO NEVER BE AFRAID OF

I PRAY YOU LOVE

I PRAY FOR YOU TO LEARN

WITH LOVE ======= PRAYERS FOR BABY =======

FROM

I PRAY FOR YOU TO NEVER BE AFRAID OF

I PRAY YOU LOVE

I PRAY FOR YOU TO LEARN

WITH LOVE ═══ Prayers for baby ═══

FROM

I PRAY FOR YOU TO NEVER BE AFRAID OF

I PRAY YOU LOVE

www.ingramcontent.com/pod-product-compliance
Lightning Source LLC
Chambersburg PA
CBHW081155070526
44583CB00021B/2846